Dieses Buch kann alleine lesen:

Die spannendsten Ritter-Silben-Geschichten

CARLSEN

Silbe für Silbe zum Lese-Erfolg

Liebe Eltern,

Leseanfänger lesen langsam. Sie müssen jedes Wort Buchstabe für Buchstabe, Silbe für Silbe erlesen. Alle Wörter der Geschichten in diesem Band sind in farbigen Silben markiert. Diese kurzen Buchstabengruppen können Leseanfänger schneller erfassen als das ganze Wort.

Bei den markierten Silben handelt es sich um Sprechsilben. Das heißt, die Wörter sind so in Silben aufgeteilt, wie sie gesprochen werden. Die Sprechsilben entsprechen fast immer auch der möglichen Worttrennung, also den Schreibsilben.

Nur bei der Trennung einzelner Vokale gibt es einen Unterschied: Nach den aktuellen Rechtschreibregeln werden einzelne Vokale am Wortanfang oder -ende nicht abgetrennt. Beim Sprechen unterteilen wir solche Wörter jedoch in mehrere Silben, daher sind sie in diesem Band ebenfalls mit unterschiedlichen Farben markiert: Oma, Radio.

Ihnen und Ihrem Kind viel Spaß beim Lesen!

Inhalt

Otto auf der Ritterburg

Eine Geschichte von Manuela Mechtel

mit Bildern von Peter Friedl

Auf der Burg

Der Bär rasselt mit seiner Kette.

Davon wird Otto wach.

Sein Vater bringt gerade

einen Eimer voll Wasser.

Der Bär hat Durst.

Er trinkt viel.

Otto auch.

Die Sonne ist schon aufgegangen.

Otto läuft zur Küche.

Er ist erst seit gestern auf der Burg.

„Da bist du ja!“,

freut sich Kuno.

Er ist so alt wie Otto: sieben Jahre.

Auf dem Tisch steht

eine Schüssel Haferbrei für alle.

Otto hat seinen Löffel mitgebracht.

Er langt zu.

Die Küche riecht nach Rauch.
Ein ganzes Wildschwein am Spieß
hängt über dem Feuer im Kamin
für das Fest heute Abend.
„Komm, ich zeig dir die Burg“,
schlägt Kuno vor.
Er ist Page beim Burgherrn,
Ritter Roland.
Ein Page dient dem Ritter
und wird später
selbst einer.

Kuno hat ein Schwert aus Holz.

Kuno lernt schreiben und reiten.

Er hat ein eigenes Bett

und eine eigene Truhe

für seine Sachen.

Otto staunt.

Er schläft immer auf Stroh.

Ein Bett kennt er nicht.

Ottos Eltern haben ein Pferd

und einen Wagen.

Der Bär läuft immer zu Fuß.

Er kann tanzen.

Ottos Mutter macht Musik

mit ihrer Fiedel.

Ottos Vater kann Feuer spucken

und mit Bällen jonglieren.

Das kann Otto auch schon!

Die Burg steht auf einem Berg.
Kuno führt Otto
auf den höchsten Turm
auf der Burg.
Die beiden sehen viele Ritter kommen.
Mit ihren Frauen, den Pagen
und Knappen reiten sie
über die Zugbrücke.

Leserätsel

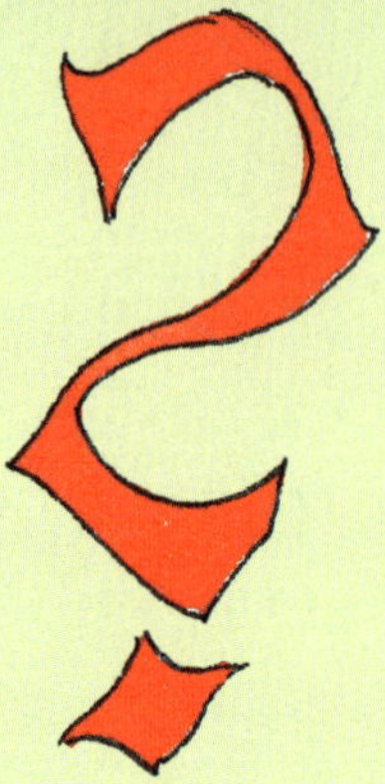

Was stimmt? Kreuze an.

Der Bär trinkt

S Limo.

B Wasser.

P Bier.

Was gibt es in der Küche zu essen?

A Müsli

U Haferbrei

O Pommes frites

Was bringt Otto zum Essen mit?

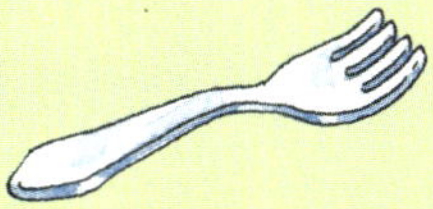

N Eine Gabel

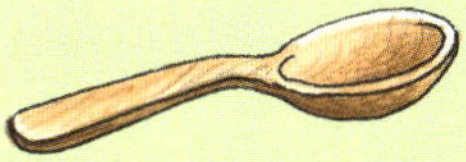

R Einen Löffel

Welches Instrument spielt Ottos Mutter?

K Klavier

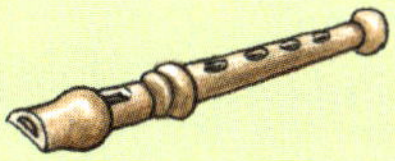

M Flöte

G Fiedel

T Schlagzeug

Die Buchstaben neben den richtigen Antworten ergeben ein Lösungswort:

__ __ __ __

Das Turnier

Heute ist ein Turnier.

Gestern hat Kuno den Helm

von Ritter Roland geputzt.

Und auch seinen Schild

und seine Lanze.

Auf dem Schild des Ritters sieht man

das Wappen mit dem Löwen.

Die Gäste sind alle da.

Die Frauen haben sich

schön gemacht

mit herrlichen Hüten.

Zuerst tanzt der Bär!

Dann jongliert Otto

mit zwei Bällen und einem Apfel.

Wenn Otto dem Bären

einen Ball zuwirft,

wirft ihn der Bär zurück.

Wirft Otto aber den Apfel,

frisst ihn der Bär auf.

Die Zuschauer klatschen.

Sie sind begeistert.

Immer zwei Ritter versuchen,
sich gegenseitig mit ihren Lanzen
vom Pferd zu holen.
Jeder Gewinner darf gegen
den nächsten kämpfen.
Wer am Ende übrig bleibt,
gewinnt einen Pokal aus Gold.
Ritter Eckbert ist der Sieger!

Abends wirbelt Ottos Vater
Feuerfackeln in den Nachthimmel.
Danach gibt es ein Festessen
mit Wildschwein, Gänsen
und Kaninchen.
Als alle satt sind, spielt Ottos Mutter
auf ihrer Fiedel.
Alle tanzen, bis die Sonne aufgeht.

Am nächsten Tag sagt Ritter Roland,
der Burgherr, zu Ottos Eltern:
„Der Wind ist schon kalt.
Bald friert der Burggraben zu.
Bleibt doch zu Gast auf meiner Burg!
Ihr könnt weiter im Stall wohnen.“
Ottos Eltern sind froh.
Der Winter ist hart und lang.
Und der Bär braucht
seinen Winterschlaf.

Als der erste Schnee fällt,

schläft der Bär ein.

Otto darf mit Kuno

schreiben lernen.

Der Lehrer ist Pater Konrad.

Die Schule ist die Burgkapelle.

Otto bekommt ein leeres Buch,

ein Tintenfass und eine Feder.

Kuno lernt von Otto,
mit Bällen zu jonglieren.
Das kann er bald auch gut.
Sie reiten zusammen
auf einem Pferd.
Sie sehen dem Schmied zu,
wie er ein Hufeisen macht.
Sie balgen mit den Hunden
und üben kämpfen.

Als im Frühling die ersten Blumen blühen, wacht der Bär wieder auf. Ottos Vater spannt das Pferd vor den Wagen.

Kuno schenkt Otto sein Schwert aus Holz zum Abschied.

Bis zum nächsten Mal!

Infoseite

Das ist die Burg, auf der Otto wohnt:

Kapelle
Turm
Gefängnis
Zugbrücke

Lösungen

S. 16/17:

Der Bär trinkt Wasser.

In der Küche gibt es Haferbrei.

Otto bringt einen Löffel mit.

Ottos Mutter spielt Fiedel.

Das Lösungswort lautet BURG.

Achtung, Überfall auf die Ritterburg!

Eine Geschichte von Ursel Scheffler

mit Bildern von Günther Jakobs

Die Ritter ziehen in den Kampf

„Seht doch! Da kommen sie!“, ruft Ritter Richard von Rabeneck und deutet über die Burgmauer ins Tal hinunter. Eine Reiterschar mit bunten Wimpeln und Bannern prescht heran. Man hört Trommelwirbel und Fanfaren.

Richard schnallt seinen Harnisch fest und ruft: „Sitzt auf, Männer! Wir dürfen den Kaiser nicht warten lassen!“
Eine Schar bewaffneter Männer, darunter auch der Burgschmied und der Koch, reitet hinter Ritter Richard den Berg hinunter.
Sie wollen sich dem Feldzug anschließen.
Ihre Frauen und Kinder winken ihnen lange nach.

Vom Tal aus blickt Ritter Richard noch einmal sorgenvoll zur Burg hinauf. Er lässt Rabeneck ungern ohne männlichen Schutz zurück. Auf seinen Sohn kann er nicht zählen. Ulrich ist erst acht Jahre alt. Ein kluger Junge, aber klein und schmal wie ein Hänfling.

Aber dann tröstet Ritter Richard sich:
Was soll schon passieren?
Die Burg ist von dicken Mauern umgeben
und die Tore sind sturmfest.
Wenn der Lehnsherr zum Kriegszug ruft,
darf man nicht zögern.
Richard gibt seinem Pferd die Sporen.

Marie, die schwangere Köchin,
wischt sich mit der Küchenschürze
die Tränen weg.
Sie streicht über ihren Bauch und seufzt:
„Wer weiß, ob das Kind seinen Vater
jemals sehen wird?“
Burgherrin Agnes versucht, sie zu trösten,
obwohl ihr selbst zum Heulen zumute ist.
Jetzt ist sie für das Leben auf der Burg
verantwortlich.

Agnes atmet tief durch und
ruft ihren beiden Kindern zu:
„Uli und Anna, verriegelt das Tor
und legt den Balken vor!“
Dann wendet sie sich an die anderen:
„An die Arbeit! Macht weiter wie immer!
Marie wird uns bestimmt gleich etwas
Wunderbares kochen!“

Agnes geht mit Anna in die Kemenate
im Haupthaus, dem Palas.
Dort sind die Mädchen fleißig bei der Arbeit.
Sie spinnen, weben, malen und sticken.
„Ich brauche eure Hilfe“, sagt Agnes ernst.
„Wir haben keine Wachsoldaten mehr.
Daher müssen immer zwei von euch die
Nachtwache auf dem Turm übernehmen!“

„Das machen wir gern“, versichern die Mädchen.
„Dafür dürft ihr tagsüber faulenzen!“, verspricht Agnes und lacht. „Es ist warm. Ihr könnt oben auf dem Turm schlafen. Meldet mir jedes verdächtige Geräusch!“
„Das klingt nach Abenteuer!“, ruft Anna begeistert.
„Ich will auch Nachtwache machen!“
„Du darfst bei mir schlafen, solange Papa fort ist“, antwortet ihre Mutter.

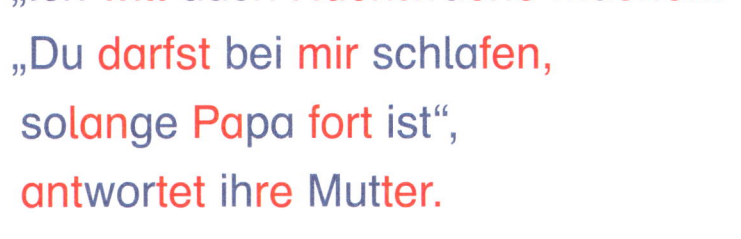

Leserätsel

Was gibt Ritter Richard seinem Pferd?

STE Er gibt ihm Hafer.

MIT Er gibt ihm die Sporen.

ROM Er gibt ihm Ohren.

VOR Er gibt ihm Saures.

Was machen die Mädchen in der Kemenate?

ANT Sie kämmen sich.

EIN Sie machen Unsinn.

TEL Sie spinnen.

STI Sie singen.

Was schieben Uli und Anna vor das Burgtor?

AT	Einen Bollerwagen
AL	Einen Balken
ZE	Drei Schweine
BE	Einen Backofen

Auf der Burg hört man ...

ZER	Autos hupen.
UNG	Ritter pupsen.
TER	Fanfaren tuten.
NIS	Pferde husten.

Die Buchstaben neben den richtigen Antworten verraten dir, in welcher Zeit diese Geschichte spielt:

im __ __ __ __ __ __ __ __ __ __ __

Überfall auf die Ritterburg

Als der Mond über dem Rabenwald
aufgeht, treten drei finstere Gestalten
aus dem Schatten der Bäume.
Es sind Spione des einäugigen Sven,
des Anführers einer wilden Räuberbande.
„Sie sind weg!“, zischt der erste Räuber.
„Kein einziger Mann mehr auf der Burg!“
„Dann wird Svens Plan klappen“,
sagt der zweite. „Wir klettern über
die Mauer und rauben, was wir kriegen.“

„Und ein paar hübsche Mädchen dazu“, lacht der dritte. „Rache ist süß! Schließlich hat Sven beim Kampf mit Ritter Richard sein Auge verloren!“

„Ja!“, schnaubt der erste Räuber. „Das zahlen wir diesem Ritterpack heim!“

Die drei Räuber verschwinden im Wald und machen sich auf den Weg zur Schlucht, wo die Bande ihren Schlupfwinkel hat.

Es ist eine warme Sommernacht.
Uli liegt auf einer Decke unter der Linde im Burghof. Er sieht in den Sternenhimmel und träumt davon, selbst ein Ritter zu sein. Tapfer, stark und mutig. Aber da muss er wohl noch ein ganzes Stück wachsen.
„Kannst du auch nicht schlafen, Uli?“, fragt seine Schwester Anna, die mit ihrem Hund Lanzelot die Treppe vom Palas herunterkommt. „Lanzelot jault dauernd. Vielleicht will er uns warnen?“

Jetzt verdunkelt eine Wolke den Mond.
Man hört den Ruf eines Käuzchens.
„Ich werde mal nach den Wächtermädchen sehen“, sagt Uli. „Vielleicht fürchten sie sich allein da oben!“
Er steht auf und geht zur Turmtreppe.
„Du bist jetzt der einzige Mann auf der Burg“, sagt Anna.
„Ich weiß“, nickt Uli. „Und das raubt mir den Schlaf.“

„Ich habe Schatten gesehen“,
flüstert ein Mädchen und deutet
zum Rabenwald hinüber.
„Das sind Räuber!“, wispert Uli.
„Die denken bestimmt,
wir sind wehrlos“,
seufzt das Mädchen.
„Das sind wir nicht!“,
sagt Uli entschlossen.
„Anna, weck Mama und die anderen!
Beeil dich! Ich habe einen Plan!“

Als die Burgbewohnerinnen auf dem Hof versammelt sind, erteilt Uli leise Befehle. „Holt die Strohpuppen vom letzten Turnier! Bringt Fackeln und Töpfe in den Rittersaal! Schafft heißes Wasser und Gülle herbei! Die Räuber werden versuchen, an der niedrigsten Mauerstelle einzudringen! Dort werden wir sie erwarten!"

Agnes und Anna holen die Strohritter und stellen sie in die Fenster des Rittersaals. Die Frau des Schmieds schleppt Fackeln herbei. Die Köchin schiebt den großen Wasserkessel über das Herdfeuer.

Die Räuber versuchen, mit Leitern die Mauer zu erklimmen, wie Uli vermutet hat. Sie bekommen einen heißen Empfang! Kochendes Wasser und stinkende Gülle werden über ihren Köpfen ausgeschüttet. Plötzlich ist der Rittersaal hell erleuchtet. Männer mit klirrenden Waffen stehen in den Fenstern!
Die Räuber können nicht ahnen, dass es nur Strohmänner sind und der Lärm von aneinandergeschlagenen Töpfen kommt.

„Ihr Idioten! Die Burg wird von
bewaffneten Männern geschützt!“,
faucht der einäugige Sven seine Leute an.
„Nichts wie weg!“
Fluchend wischt er das stinkende
Begrüßungsgeschenk von der Stirn,
das Anna aus einem Nachttopf
über ihm ausgekippt hat.
Hastig ergreifen die Räuber die Flucht.
„Gut gemacht, meine kleinen Ritter!“,
sagt Agnes, als die Gefahr vorüber ist.
Sie nimmt ihre Kinder in den Arm.
„Papa wird stolz auf euch sein.“

Leserätsel

Was kippen die Burgbewohner über die Mauer?

- T Rote Äpfel und Birnen

- N Heißes Wasser und Gülle

- V Faules Obst und Gemüse
- H Fleißiges Lieschen und Radieschen

Wie heißt Annas Hund?

- U Butterbrot
- A Lanzelot
- E Mäusetot
- O Weizenschrot

Was stellt Agnes in die Fenster des Rittersaales?

- T Klomänner
- M Geranien
- P Strohmänner
- S Kastanien

Wo schlafen die Wächtermädchen?

- E Vor dem Burgtor
- P Auf dem Turm
- L Auf der Mauer
- F Im Pferdestall

Die Buchstaben neben den richtigen Antworten verraten dir, wie ein Junge heißt, der zum Ritter ausgebildet wird:

K ___ ___ ___ ___ E

Infoseite

Die Ritterburg

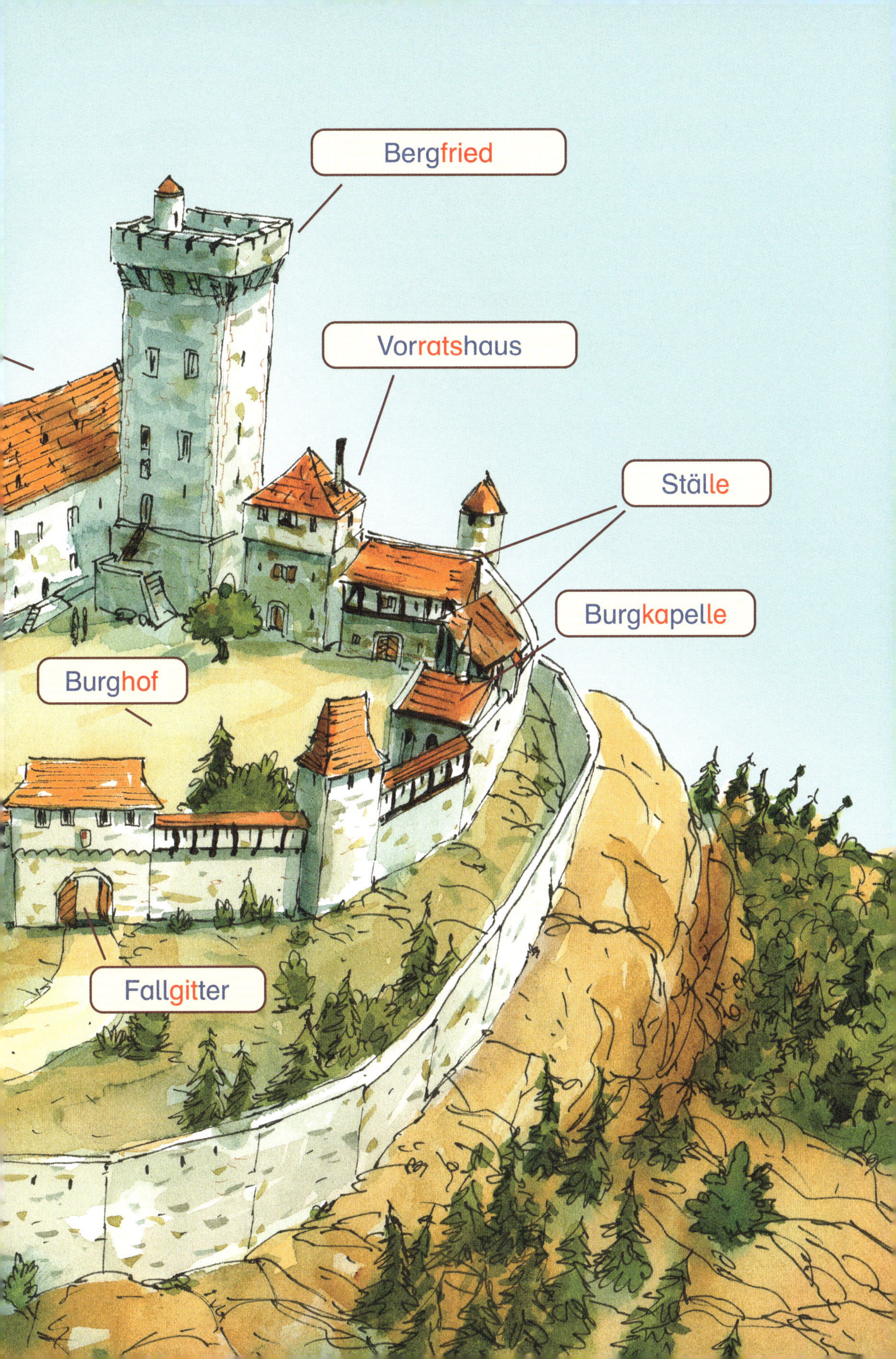
Bergfried
Vorratshaus
Ställe
Burgkapelle
Burghof
Fallgitter

Lösungen

S. 40/41:

Ritter Richard gibt seinem Pferd die Sporen.
Die Mädchen in der Kemenate spinnen.
Uli und Anna schieben einen Balken vor das Burgtor.
Auf der Burg hört man Fanfaren tuten.
Die Geschichte spielt im MITTELALTER.

S. 50/51:

Die Burgbewohner kippen heißes Wasser
und Gülle über die Mauer.
Annas Hund heißt Lanzelot.
Agnes stellt Strohmänner in die Fenster
des Rittersaales.
Die Wächtermädchen schlafen auf dem Turm.
Ein Junge, der zum Ritter ausgebildet wird,
heißt KNAPPE.

Ein Tag auf der Ritterburg

Eine Geschichte von Christa Holtei
mit Bildern von Astrid Vohwinkel

Innerhalb der Burgmauern

Das ist die Burg, auf der Konrad von Tafelberg lebt. Er ist sieben Jahre alt.

1450
Kapelle
Bäckerei
Zugbrücke

Als Konrad aufwacht, ist im Burghof
noch niemand zu sehen. Natürlich!
Alle sind in der Kapelle.
Bruder Martinus liest jeden Morgen
die Messe für die Burgbewohner.
Konrad rennt schnell die Treppe hinunter.

Sein Vater, Ritter Heinrich, schaut böse, weil Konrad zu spät kommt. Aber nach der Messe gibt Bruder Martinus ihm trotzdem schulfrei. Er will doch auf den Burghof und sich die fremden Ritter ansehen!

Zuerst geht er aber hinunter
in die Burgküche zu Odo,
dem Leibkoch der Burg.
„Nimm dir selbst vom Hirsebrei, Konrad“,
sagt der. „Ich hab keine Zeit.
Wir müssen für hundert Gäste kochen!
Ja, was macht ihr denn da?“, ruft er
plötzlich und fuchtelt mit den Armen.

„Es verbrennt doch alles!"

Beim Feuer dreht sich ein ganzes Schwein am Spieß und die Flammen lodern viel zu hoch.

In einer Ecke rupfen Mägde Fasane, Hühner und Gänse.

Die Federn stecken sie in einen Sack.

Daraus kann man gut Bettdecken machen.

Im Burghof sieht Konrad zu,
wie die Knappen der Ritter
Lanzenstechen üben.
Konrad ist erst Page und lernt gerade
Reiten bei seinem Vater und Schreiben
und Lesen bei Bruder Martinus.
Aber mit vierzehn wird er Knappe
bei einem anderen Ritter werden.

Dann übt er auch Lanzenstechen.
Man muss ganz schön aufpassen!
Wenn man die Stechpuppe
nicht richtig trifft, dreht sie sich
um sich selbst und man bekommt
eine Ohrfeige von ihrem Holzarm!
Aber heute geht alles gut.
Die Knappen sind zufrieden.

Plötzlich läuft Konrads Vater
aufgeregt hinüber zum Schmied.
Er rennt sonst nie. „Franz!“, ruft er.
„Lass alles stehen und liegen!“
Die Spitze seiner Turnierlanze
ist abgebrochen.

Franz kann sie aber nicht reparieren.
„Wie soll ich meinen Gegner
aus dem Sattel heben, wenn meine
Lieblingslanze kaputt ist?“,
schimpft Ritter Heinrich.

Konrad läuft mit
seinem Vater zum Bergfried.
Da sind die Waffenkammer und
die Falltür zum Burgverlies.
Im Moment sitzt aber niemand drin.
Ritter Heinrich braucht viele Waffen
für seine Leute, wenn er für den König
in den Krieg zieht.
„Hugo, ich brauche eine neue Lanze!“,
ruft der Ritter.

Der Waffenschmied holt eine Lanze.
„Nehmt diese hier, Ritter Heinrich“,
sagt er. „Sie hat das gleiche Gewicht
wie die andere.“
Konrads Vater setzt das stumpfe Krönlein
fest auf die Lanzenspitze.
„Ich will schließlich keinen meiner
Freunde beim Turnier verletzen“,
sagt er zufrieden.

Das Turnier

Konrads Mutter Elisabeth und
seine Schwester Anna reiten mit
den anderen Damen zum Turnierplatz.
Sie haben sich schön gemacht.
Anna hat auch ihr Hündchen dabei.
„Wie alle feinen Damen!“, sagt sie
und reckt die Nase in die Luft.

Die Damen stecken die Hündchen
sogar in ihre Ärmel und
nehmen sie mit in die Kirche!
Bruder Martinus kann das
gar nicht leiden.
Und Konrad mag die großen
Jagdhunde lieber.
Er nennt Annas Hund nur *die Ratte*.

Auf dem Turnierplatz sind schon
alle versammelt.
Die Damen sitzen auf der Tribüne.
Der Herold verkündet die Namen
der Turnierteilnehmer.
Die Knappen helfen ihren Rittern
wegen der schweren Rüstung
auf die Pferde.

Konrads ältester Bruder Friedrich
ist auch dabei.
Er ist zu Ostern mit 21 Jahren
zum Ritter geschlagen worden.
Anna steckt einem Ritter
mit einem Adler im Wappen
ein Tüchlein auf die Lanzenspitze.

Jetzt kämpft er nur für sie!
Zwei Ritter haben sich aufgestellt.
Sie klemmen die lange Lanze
unter den Arm, reiten aufeinander zu
und versuchen, sich gegenseitig
aus dem Sattel zu heben.
Wenn einer der Ritter am Boden liegt,
hat er verloren.

Der Ritter mit dem Adler im Wappen
hat seinen letzten Gegner besiegt.
Ausgerechnet Friedrich hat er
aus dem Sattel gehoben!
Anna wird rot, als sie dem Adlerritter
seinen Turnierpreis überreicht.
Es ist ein Pokal aus Gold.
Friedrich nimmt den Helm ab
und sieht lächelnd zu.
Er ist ein guter Verlierer –
und wirklich ein echter Ritter!

Konrad läuft hinüber zu den Knappen.
Sie veranstalten mit den Bauern
ihr eigenes Turnier im Steinschleudern.
Konrad darf es auch einmal versuchen.
Aber der Stein ist ihm zu schwer.

Er lässt ihn schnell wieder fallen.
Der Sieger bekommt einen Silberbecher
und der Verlierer ein lebendiges Schwein
als Trostpreis.
Da hat er richtig *Schwein gehabt*!

Abends sitzen alle hungrig im Festsaal.
Endlich geben die Fanfarenbläser
das Zeichen zum Beginn des Festmahls.
Konrad häuft sich Hähnchenkeulen,
süßen Erbsenbrei und Backpflaumen
auf seinen Brotfladen und schiebt sich
schnell noch ein Stück Gemüsepastete
in den Mund.
Seine Mutter schüttelt den Kopf.

Man stopft sich den Mund nicht so voll.
Aber Odo hat doch so gut gekocht!
Es ist ein schönes Fest mit Jongleuren,
Akrobaten und sogar einem Bärenführer.
Noch lange erklingt die Musik.
Die Erwachsenen tanzen bis zum Morgen.
Auch Konrad liegt erst spät in der Nacht
im Bett. Zufrieden schläft er ein und
träumt davon, auch ein berühmter Ritter
in einer glänzenden Rüstung zu sein.

Leserätsel

Wie wird Konrad zum Ritter?
Ergänze den Text.

Zuerst ist Konrad ein Page und

lernt ☐ _ _ _ _ _ und

Schreiben und Lesen.

Aber mit 14 Jahren wird er

_ _ ☐ _ _ _ .

Wenn Konrad 21 Jahre alt ist, wird er

zum _ _ _ ☐ _ _ geschlagen.

Dann kann er endlich selbst an einem

☐ _ _ _ _ ☐ _ teilnehmen.

Die Buchstaben in den Kästchen
verraten dir, wie Konrad Annas Hund
nennt: die _ _ _ _ _

Sieben Wörter haben sich in der Burg versteckt. Findest du alle? Kreise sie ein.

H	K	R	Ö	N	L	E	I	N	T
M	S	U	W	E	T	P	A	I	S
S	T	E	C	H	P	U	P	P	E
C	E	E	S	T	L	R	O	Ö	M
H	E	L	M	E	N	A	W	U	X
W	U	A	P	E	N	B	A	L	L
E	O	N	N	L	Z	T	L	E	R
R	E	Z	N	S	E	Y	F	I	T
T	D	E	E	S	C	H	I	L	D

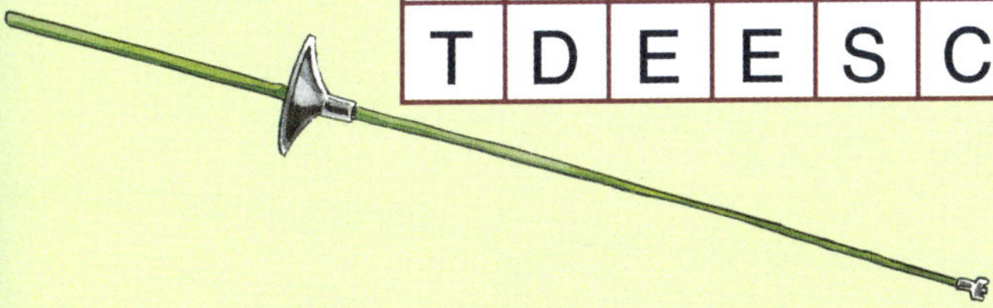

Welches Wort passt nicht zu einem Ritter? Schreibe es auf.

Infoseite

Dinge, die ein Ritter braucht

Und so eine Rüstung wird Konrad tragen, wenn er zum Ritter geschlagen wird.
Viele Dinge, die ein Ritter braucht, findest du auch in diesem Buch. Hast du sie schon entdeckt?

Waffenrock mit Wappen

Schwert

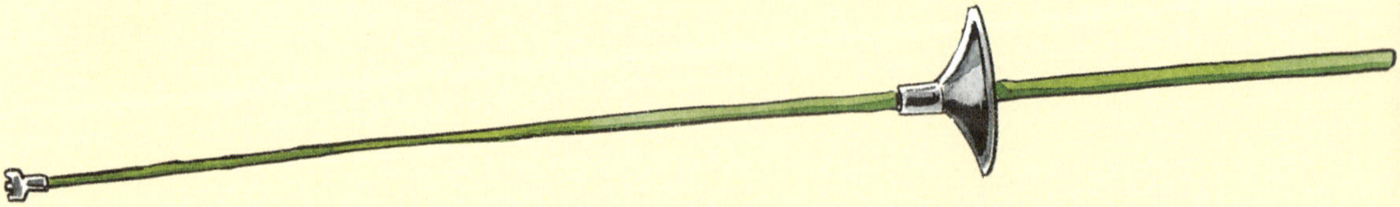

Turnierlanze mit stumpfer Spitze („Krönchen“)

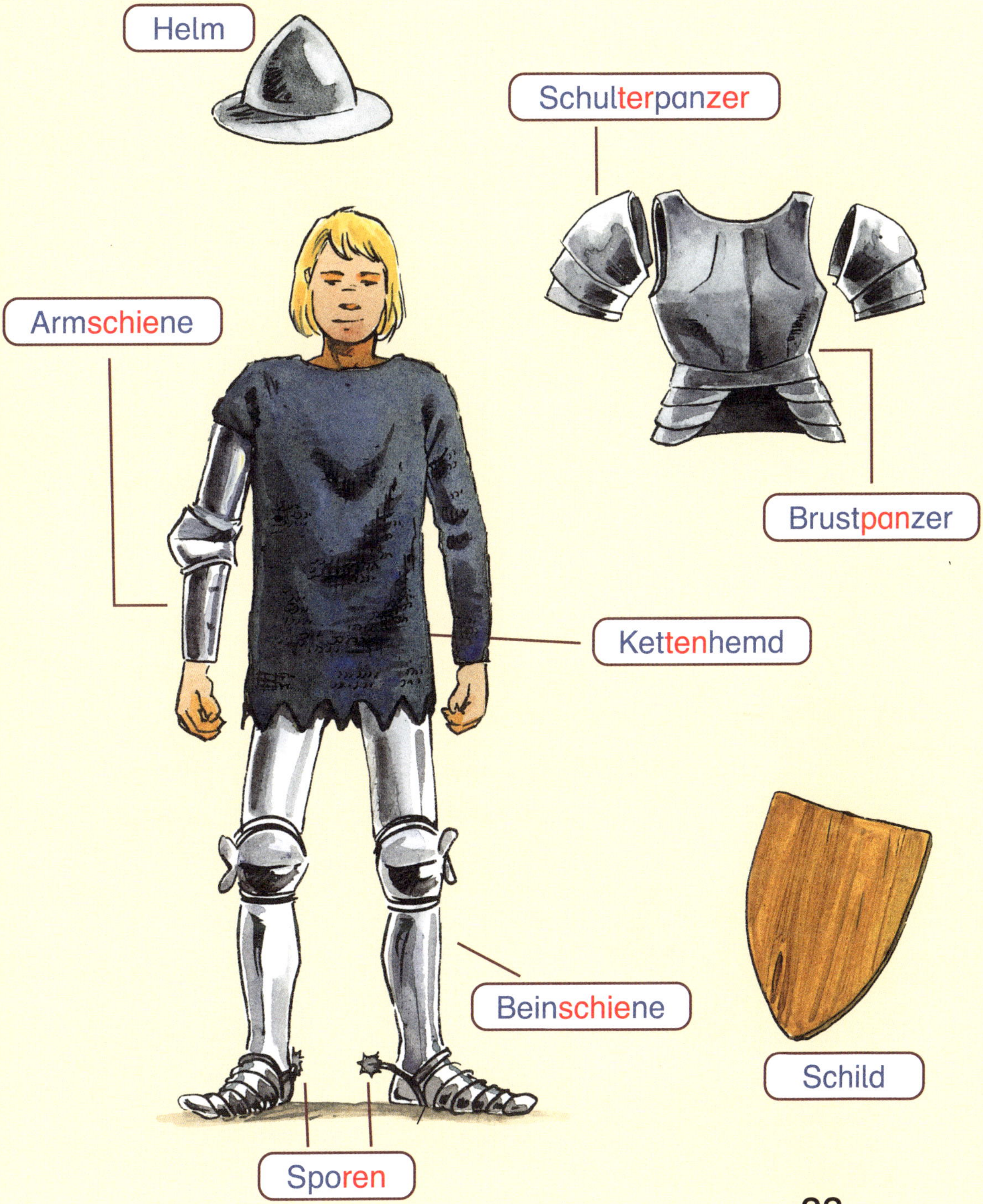
Helm
Schulterpanzer
Armschiene
Brustpanzer
Kettenhemd
Beinschiene
Schild
Sporen

S. 80/81:

Zuerst ist Konrad ein Page und lernt REITEN und Schreiben und Lesen. Aber mit 14 Jahren wird er KNAPPE. Wenn Konrad 21 Jahre alt ist, wird er zum RITTER geschlagen. Dann kann er endlich selbst an einem TURNIER teilnehmen. Konrad nennt Annas Hund RATTE.

H	K	R	Ö	N	L	E	I	N	T
M	S	U	W	E	T	P	A	I	S
S	T	E	C	H	P	U	P	P	E
C	E	E	S	T	L	R	O	Ö	M
H	E	L	M	E	N	A	W	U	X
W	U	A	P	E	N	B	A	L	L
E	O	N	N	L	Z	T	L	E	R
R	E	Z	N	S	E	Y	F	I	T
T	D	E	E	S	C	H	I	L	D

Das Lösungswort lautet: BALL.

Lesen lernen mit der Lesemaus

Liebe Eltern,

alle Kinder wollen lesen lernen. Sie sind von Natur aus wissbegierig. Diese Neugierde Ihres Kindes können Sie nutzen und das Lesenlernen frühzeitig fördern. Denn Lesen ist die Basiskompetenz für alles weitere Lernen. Aber Lesenlernen ist nicht immer einfach. Es ist wie mit dem Fahrradfahren: Man lernt es nur durch Üben – also durch Lesen.

Lesespaß mit Lesepass

Je regelmäßiger Ihr Kind übt, desto schneller und besser wird es das Lesen beherrschen. Eine schöne Motivation kann dabei ein Lesepass sein, den Sie zusammen mit Ihrem Kind basteln können.

Vereinbaren Sie mit ihm eine kleine Belohnung, die es für eine bestimmte Anzahl an Trainingsminuten gibt.

Eine Leseeinheit können zum Beispiel 10 Minuten sein.

Für jede Leseeinheit gibt es einen Sammelpunkt – und nach einer zu vereinbarenden Anzahl von Punkten dann die kleine Belohnung.

Wie können Sie Ihr Kind beim Lesenlernen unterstützen?

Je positiver Kinder das Lesen erleben, desto motivierter sind sie, es selbst zu lernen. Versuchen Sie, Ihrem Kind

ein Vorbild zu sein. Zeigen Sie Ihrem Kind, dass Lesen und Schreiben zum Alltag gehören. Etablieren Sie gemeinsame Leserituale. So erfährt Ihr Kind: Lesen macht Spaß!
Lesen Sie Ihrem Kind mindestens bis zum Ende der Grundschulzeit vor. Auch wenn Ihr Kind zunehmend eigenständig liest, bleibt das Vorlesen ein schönes und sinnvolles Ritual.

Lesen lernen mit der Lesemaus

Jedes Kind lernt unterschiedlich schnell lesen. Orientieren Sie sich bei der Auswahl von Erstlesebüchern daher an den Interessen und Lesefähigkeiten Ihres Kindes. Die Geschichten sollen Ihr Kind fordern, aber nicht überfordern. Die Lesemaus zum Lesenlernen bietet spannende und leicht verständliche Geschichten für Leseanfänger. Altersgerechte Illustrationen helfen, das Gelesene zu verstehen.
Mit lustigen Leserätseln können die Kinder ihre Lernerfolge spielerisch selbst überprüfen. Außerdem gibt es in jedem Band interessante Sachinfos für Jungen und Mädchen.

Ihnen und Ihrem Kind viel Spaß beim Lesen!

Lesenlernen mit Spaß

978-3-551-06638-1

978-3-551-06642-8

978-3-551-06645-9

978-3-551-06651-0

978-3-551-06654-1

978-3-551-06644-2

978-3-551-06646-6

978-3-551-06620-6

978-3-551-06649-7

978-3-551-06643-5

978-3-551-06650-3

CARLSEN

www.carlsen.de

Mit Conni

Noch mehr Lesespaß!

978-3-551-18960-8

978-3-551-18937-0

978-3-551-18792-5

978-3-551-18791-8

Mit der Schule der magischen Tiere

978-3-551-65592-9

978-3-551-65591-2

978-3-551-65593-6

Mit der Lesemaus

978-3-551-06641-1

978-3-551-06648-0

978-3-551-06652-7

978-3-551-06653-4

Mit Minecraft

978-3-551-06844-6

978-3-551-06845-3

978-3-551-06846-0

978-3-551-06847-7

978-3-551-06848-4

Unser Versprechen für mehr Nachhaltigkeit
- Klimaneutrales Produkt
- Farben auf pflanzlicher Basis
- Papiere aus nachhaltiger Waldwirtschaft
- Lack auf Wasserbasis
- Hergestellt in Europa

FSC
www.fsc.org
MIX
Papier aus verantwortungsvollen Quellen
FSC® C002795

Sonderausgabe im Sammelband

ISBN: 978-3-551-06652-7
Umschlagillustration und Vorsatz: Peter Friedl
Illustration der Lesemaus: Hildegard Müller
Umschlagkonzeption: Gunta Lauck
Lektorat: Constanze Steindamm
Satz: Karin Kröll
Lithografie: ReproTechnik Fromme, Hamburg